Lk ^{8} 399

DES MOYENS

D'ASSURER LA DOMINATION FRANÇAISE EN ALGÉRIE

———◆———

EXAMEN

DES MOYENS

D'ASSURER LA DOMINATION FRANÇAISE EN ALGÉRIE

Par M. le lieutenant-général baron de Létang.

———— ❖ ————

EXAMEN

PAR M. LE DOCTEUR WARNIER.

———————— ⦂ ————————

Paris.

IMPRIMERIE DE A. GUYOT, IMPRIMEUR DU ROI,

RUE NEUVE-DES-PETITS-CHAMPS, 35.

———— ❖ ————

1846

1847

DES MOYENS

D'ASSURER LA DOMINATION FRANÇAISE EN ALGÉRIE

———

EXAMEN

———

CHAPITRE PREMIER.

BASES DE L'OUVRAGE.

Les bons livres ne vieillissent jamais ; loin de perdre de l'intérêt en cessant de jouir du bénéfice de l'actualité, ils reçoivent du temps et de l'expérience une consécration qui ajoute encore à leur valeur primitive. Parmi les milliers d'ouvrages écrits depuis 1830, sur la question de l'Algérie, l'ouvrage de M. le lieutenant-général baron de Létang, ayant pour titre : *Des moyens d'assurer la domination française en Algérie*, publié en 1840, est du petit nombre de ceux qui renferment des vérités impérissables, et auxquels chaque jour vient donner une confirmation éclatante. Lors de son apparition, cet ouvrage fut appelé le *vade-mecum* des officiers et employés du gouvernement en Algérie. Il avait une portée plus haute suivant nous ; il aurait dû servir de *guide* au gouvernement lui-même. Analyser cet ouvrage, rappeler en 1846 les principes qu'il posait en 1840, n'est pas l'unique but de cet examen ; nous voulons indiquer aussi comment aujourd'hui même, que l'occupation du pays n'est plus restreinte au littoral, qu'un système général de domination s'est étendu de la frontière du Maroc à celle de Tunis et des bords de la Méditerranée aux limites du Sahara ; comment, disons-nous, il serait encore possible d'appliquer les idées de l'ancien commandant supérieur de la province et de la division d'Oran.

La *colonisation* sans la *domination* est *impossible*.

La *domination* sans la *colonisation* n'est pas seulement onéreuse, elle est *sans but*.

La *domination* et la *colonisation* doivent *se suivre pas à pas*.

Tels sont les principes généraux posés par M. de Létang en tête de son livre, principes dont l'ouvrage entier n'est que le développement et l'application.

Nous acceptons la base du général de Létang, en y apportant toutefois quelques modifications.

Nous disons :

La *colonisation* est le *but* de la *conquête*.

La *domination* a dû et doit *précéder* la *colonisation*.

Mais la *domination* ne sera *complète* que par la *colonisation*.

Nous ne différons d'ailleurs d'opinion avec M. le lieutenant-général de Létang, qu'en raison de l'époque à laquelle il a publié son livre, et de l'époque à laquelle nous écrivons ces lignes. Il y a six ans, Abd-el-Kader n'était encore qu'un marabout grandi par la France, et alors les besoins de la domination étaient moins impérieux et plus restreints ; mais depuis, la nationalité qu'il a tenté de constituer dans le pays, a jeté de profondes racines, et notre domination, pour être assurée, a dû s'étendre immédiatement sur toute la partie de l'Algérie que cette pensée audacieuse avait embrassée.

Trois élémens concourent au but indiqué par M. le lieutenant-général baron de Létang :

L'élément indigène ;

L'élément militaire;

L'élément civil.

Voyons comment M. le général de Létang procède à l'égard de chacun de ces élémens; comment il domine l'élément indigène, et le fait concourir à la colonisation ; comment il utilise l'armée, et l'emploie à la domination des indigènes et à l'appropriation du sol ; enfin, quel rôle il réserve à la population civile au milieu de l'élément indigène et de l'élément militaire.

Commençons par l'élément indigène.

CHAPITRE DEUXIÈME.

ÉLÉMENT INDIGÈNE.

§ Ier.

Occupation. — Domination.

Quel sens faut-il attacher à cette dénomination : *élément indigène* ?

L'élément indigène, c'est l'ensemble des *hommes* et des *choses*, le sol et celui qui l'habite : les villes, les villages, les maisons, les jardins, les terres cultivées, etc.; les populations sédentaires, les populations nomades, en un mot, la famille musulmane et sa richesse.

Quelle est l'action que le général de Létang veut exercer sur cet élément ? Le *dominer* d'abord, c'est-à-dire conquérir le sol, maîtriser les habitans; puis faire concourir les forces du peuple dominé à la prise de possession du sol par la *colonisation*.

Ce système repousse l'emploi exclusif de la violence à l'égard des indigènes, et condamne naturellement la guerre de destruction entreprise depuis quelques années ; il condamne la razzia, qui décime les populations et ruine le sol.

Mais, répondront les partisans de la guerre, votre système est un rêve et une utopie. Examinons, suivons l'auteur dans l'application de sa théorie.

La colonisation, avons-nous dit, est le but de la conquête.

Qu'est-ce que *coloniser* ?

Coloniser, c'est *fonder* des villes et les peupler de commerçans et d'industriels; non pas avec des hommes qui s'expatrient momentanément pour s'enrichir et rentrer ensuite dans la métropole, mais avec des hommes qui prennent racine au sol, s'y multiplient, y vivent et y meurent.

Coloniser, c'est fonder des villages, des fermes, peuplés d'agriculteurs qui d'abord se nourrissent eux-mêmes, produisent ensuite les alimens nécessaires aux habitans des villes, et fournissent enfin au commerce des moyens d'échange.

Coloniser, c'est *conserver* les villes, les villages, les fermes qui existent avant la conquête; coloniser, c'est *protéger* les commerçans, les industriels, les agriculteurs établis sur le sol; coloniser, c'est *respecter* les moissons, les jardins, toutes les cultures que le peuple conquérant trouve sur son passage.

En un mot, *coloniser,* c'est d'une part *conserver, protéger, respecter* ce qui existe, c'est en même temps *créer* ce qui n'existe pas.

Voilà comment M. le général de Létang, et nous, entendons la colonisation.

Le plus grand obstacle que la France ait rencontré en Algérie pour établir sa *domination* sur les habitans et prendre possession du sol par la *colonisation* (tout le monde est de cet avis), consiste moins dans la différence de vie, de langage, de mœurs et de religion, que dans *l'état nomade* de la plus grande partie de la population.

Le premier *effort* à tenter était donc de *stabiliser* les *nomades*; la première chose à éviter était de transformer les sédentaires en nomades.

Ce principe si vrai, si simple, a été posé pour la première fois, en 1840, par M. le général de Létang. A cette époque, c'est-à-dire, lorsque Miliana, Médéa, Ténès, Mascara, Mostaganem, Zebdou, Seïda, Boghar, Biskra n'étaient pas encore occupées, il proposait de laisser ces villes entre les mains des indigènes, de construire, là où les besoins de la domination l'exigeaient, des camps, et de transformer ensuite ces établissemens, purement militaires, en villes agricoles, industrielles et commerciales; par l'admission successive de l'élément civil européen et chrétien à côté de l'élément indigène et musulman.

Par ce procédé, bien moins dispendieux que les moyens employés jusqu'à ce jour, nous aurions aujourd'hui neuf villes indigènes et neuf villes françaises, au lieu de neuf postes purement militaires ; en supposant, ce qui est probable, que nous eussions établi autant de camps que nous avons occupé de villes indigènes.

M. le général de Létang allait plus loin ; il proposait d'abandonner à la population civile européenne, ou de restituer aux indigènes toutes les villes que nous occupions, partout où cela était possible, en laissant toutefois une très-faible garnison dans les citadelles de ces villes, pour en faire la police et en garder les portes.

Oran, Arzeu, Alger, Philippeville, Bône, où l'élément civil européen domine, et où il est assez nombreux pour résister, derrière des murailles, à toutes les forces réunies des Arabes, eussent été abandonnées à la population civile, sous la protection d'un bataillon seulement et de quelques brigades de gendarmerie.

Mostaganem, Cherchell, Koléa, Blida, Bougie, Djidjelli, Constantine eussent été restituées aux indigènes, soit en totalité, soit en partie, c'est-à-dire en conservant seulement quelques centaines d'hommes dans les kasba de ces villes.

L'abandon des villes du littoral à la population civile européenne, ou leur restitution en totalité ou en partie à la population indigène, non seulement doublait nos moyens de domination mais encore fournissait à la colonisation, c'est-à-dire à la construction de nouvelles villes, toutes les forces actives de l'armée.

La restitution des anciennes villes aux indigènes rappelait à la vie sédentaire, au commerce, à l'industrie, à la petite culture, des familles entières de Maures, de Koulouglis et d'Arabes, que notre présence dans leurs maisons avait forcé d'aller habiter la tente et de devenir nomades.

En 1840, il fallait deviner l'avenir pour comprendre toute la portée de la double proposition de M. le général de Létang ; éclairés aujourd'hui par l'expérience, nous pouvons mieux en apprécier l'esprit et la sagesse.

A quoi sert, nous le demandons, au point de vue de la colonisation et de la domination, l'entretien de nombreuses garnisons à Bône, à Philippeville, à Alger, à Mostaganem et à Oran ?

Non seulement ces garnisons sont inutiles, mais encore leur action est paralysée par la distance qui les sépare des points où elles devraient séjourner pour dominer le pays et où elles doivent se rendre toutes les fois qu'un mouvement se manifeste dans les tribus.

Cela se comprend facilement. Admettons que la présence d'un millier de soldats sur un point quelconque de l'Algérie représente une puissance de domination qui s'étende dans un rayon de quatre ou dix kilomètres, il devient évident que la moitié de cette force est perdue si le point d'occupation est situé sur le littoral. Ainsi 4,000 hommes à Oran n'ont pas plus d'action que 2,000 hommes dans la plaine du Sig ou dans la plaine d'Eghrës, et c'est parce que nous persistons dans cette erreur qu'il nous faut aujourd'hui 100,000 hommes pour dominer incomplètement le pays, qui, d'après le système de M. le général de Létang, pourrait être maintenu avec 40 mille hommes.

Au point de vue de la colonisation, l'erreur est plus grande encore.

Au lieu de bâtir une ville de toutes pièces sur un terrain libre et entièrement nu, nous prenons une ville indigène ; nous en achetons les maisons une à une ; puis nous les détruisons de fond en comble, et au milieu de difficultés immenses nous reconstruisons une cité nouvelle. La dépense est double et au lieu d'avoir deux villes nous n'en avons qu'une.

C'est une chose digne de remarque, que les villes de fondation française ont franchi plus rapidement leurs périodes de croissance et de développement que les villes entées sur des contructions mauresques. Philippeville, après quatre aunées d'existence, était une cité autrement grande que Bône après huit ans d'occupation. Sétif, quoique située à soixante lieues dans l'intérieur des terres, est déjà une ville considérable.

Qu'avons-nous fait là où nous avons déplacé les indigènes pour nous mettre à leur place? Nous avons tout détruit : maisons, enceinte, jardins, arbres. Non contens d'expulser les vivans, nous avons dû déplacer aussi les morts. Nous avons été obligés de transporter à quelques kilomètres des villes les cercueils de plusieurs générations d'hommes. Nous nous sommes rendus l'objet de la haine des indigènes, nous avons perdu beaucoup de temps et beaucoup d'argent.

En conservant la Blida arabe, et en construisant une Blida française à quelques kilomètres à l'Ouest, sur la Chiffa, au point de jonction des routes de Médéa et de Miliana, nous eussions rencontré moins de difficultés, et au lieu de détruire ce qui existait, nous aurions créé ce qui n'existait pas ; nous aurions réellement colonisé.

Peut-on aujourd'hui appliquer à l'occupation de l'Algérie le principe de M. le général de Létang? Non seulement on le peut, mais c'est la seule chose à faire pour dominer le pays et en finir avec toutes les insurrections du peuple arabe.

Abandonnons Bône, Philippeville, Alger, Oran à la population civile, et transportons les garnisons de ces villes au centre du pays. Laissons dans chacune de ces villes maritimes 600 hommes pour la police, soit pour les quatre : 2,400 hommes.

Restituons Constantine, Djidjelli, Bougie, Cherchell, Médéa, Miliana, Mostaganem, Mascara et Tlemcen aux indigènes, en laissant dans les kasba de ces villes 2, 4 ou 600 hommes, suivant leur importance, et, avec les troupes qui gardent ces villes aujourd'hui , créons des établissemens solides au centre des tribus nomades : 3,600 hommes seront suffisans pour la garde de ces villes.

Les postes de Djama-Ghazaouet, Lella-Maghnia, Zebdou, Daïa, Sidi-bel-Abbès, Seïda, Sidi-bel-Hacel, El-Khamis, Tiaret, Tniet-el-Had, Boghar, Bordj-Medjana, Biskra et Bêtna, qui, en temps de guerre, doivent être considérés uniquement comme postes-magasins, peuvent être réduits à une garnison de 2 à 300 hommes ; soit, pour les treize postes, 4,200 hommes.

Ainsi, tous les points occupés aujourd'hui pourraient être gardés avec 15,000 hommes.

85,000 hommes resteraient disponibles pour maintenir le pays, faire des routes, créer de nouvelles villes. En admettant que ces 85,000 hommes soient répartis par groupes de 5,000 hommes pour former de nouveaux établissemens, l'effectif actuel donnerait lieu à la fondation de 17 camps, villes ou postes. Sur les 5,000 hommes affectés à chacune de ces créations, 3,000 seraient facilement disponibles pour aller à quelques lieues rétablir l'ordre au milieu des indigènes, si cela était nécessaire.

Or, comme il est constant, jusqu'à présent, que toute garnison a entraîné avec elle pour satisfaire aux besoins de sa consommation une population civile égale à son effectif et quelquefois supérieure, il résulterait immédiatement de l'adoption de cette mesure, une augmentation considérable de la population civile, car les personnes établies aujourd'hui dans les villes que nous occupons, y resteraient et laisseraient en grande partie à d'autres le soin d'aller chercher fortune dans les établissemens militaires.

Ce mode de domination et d'occupation du pays est la seule forme possible de colonisation par l'armée ; et cette sorte de colonisation militaire, a sur le système de M. le maréchal Bugeaud, le triple avantage, 1° de ne pas désorganiser l'armée ; 2° de ne pas grever le budget d'une somme de 4 à 500 millions ; 3° d'attirer dans l'intérieur du pays une population civile considérable, la seule qui puisse réellement coloniser, parce qu'elle entraîne avec elle la famille.

Nous venons de présenter le système *d'occupation* et de *domination* proposé par M. le lieutenant-général baron de Létang ; avant de passer outre, il importe de démontrer, d'une part, combien le système contraire, là où il a été appliqué, a produit de résultats funestes ; d'autre part, quels sont les avantages obtenus là où on s'est le plus rapproché des idées que nous soutenons.

L'état de soumission du pays diffère essentiellement dans les deux provinces extrêmes de l'Algérie.

Dans la province d'Oran, les populations indigènes se sont montrées tout-à-fait réfractaires à notre domination.

Dans la province de Constantine, elles ont accepté avec une sorte de reconnaissance les bienfaits incontestables de l'administration française.

Cette différence radicale tient, il faut le reconnaître, à diverses causes, mais on nous permettra de constater que dans la prise de possession des deux provinces, nous avons suivi une marche différente.

Dans la province de l'Ouest, des populations sédentaires existaient à Oran, à Arzeu, à Mostaganem, à Mascara, à Tlemcen, à Seïda, à Zebdou ; nous les avons expulsées de leurs établissemens, et nous nous sommes mis à leur place. Les habitans de ces villes, appartenant pour la plupart à la classe aristocratique, lettrée et intelligente du pays, dépossédés par la violence, se sont répandus dans les campagnes et ont porté sous la tente des nomades la haine du nom français.

Au sein même des villes arabes, se sont élevés un peu au hasard les grands établissemens militaires d'Oran, Mostaganem, Mascara et Tlemcen ; on ne s'est pas inquiété si ces centres d'occupation étaient véritablement des positions avantageuses à la domination française ; on s'y est établi par la seule raison que les Arabes y possédaient des villes. Bornant d'abord l'occupation à ces seuls points, non seulement l'armée n'a pas créé de nouvelles cités, mais encore elle a détruit, pour les besoins de la défense, les principaux faubourgs, quartiers spécialement affectés aux familles arabes qui entretenaient des relations avec les tribus.

A Oran, la pioche du soldat a nivelé le sol où s'élevaient les deux faubourgs de Kerguenta et de Ras-el-Aïn et où vivaient 5,000 Arabes.

A Mostaganem, deux faubourgs ont également disparu, l'un situé sur la rive droite, l'autre sur la rive gauche du ravin de Aïn-Sofra. Le quartier de Matmore s'est converti en une vaste place d'armes.

Autour de Mascara, on n'a pas épargné les faubourgs de Baba-Ali et d'Aïn-Beda.

Aux environs de Tlemcen, une politique incertaine a expulsé de leurs villages les nombreuses familles d'agriculteurs sédentaires, qui peuplaient la banlieue de cette grande ville.

Nous ne parlons pas ici des places secondaires de la province d'Oran, que nous considérons encore comme des *postes-magasins provisoires*, et non comme des *établissemens définitifs*.

Heureusement, il n'en a pas été de même dans la province de l'Est.

Deux villes indigènes seulement ont été occupées : Bône et Constantine, et les mesures prises par l'autorité ont eu pour objet d'y maintenir les Arabes.

Soit que l'on ait été s'installer définitivement dans les anciennes villes, comme à Bône et à Constantine, soit qu'on les ait occupées passagèrement, comme Mila et Biskra, les établissemens indigènes, ont été conservés avec leur caractère originel. Partout ailleurs des établissemens français se sont formés de toutes pièces : tels furent La Calle, Guelma, Philippeville, El-Arrouch, Smendou, Sétif, Bordj-Medjana et Bêtna. Grâce à ces établissemens nouveaux, l'occupation française a trouvé sa place, dans des lieux convenablement

choisis pour la domination, sans que la population indigène sédentaire ait éprouvé de froissemens nuisibles à ses intérêts.

Serait-ce parce que d'un côté on a respecté et de l'autre méprisé
les intérêts du peuple conquis? Serait-ce parce que dans l'Est le
choix des centres d'occupation a été dicté par l'intérêt bien compris de la domination, tandis que dans l'Ouest on a eu pour unique
but de conserver, sans discernement et presque au hasard, des
villes qui ne devaient peut-être leur fondation qu'au caprice d'un
bey turc ou d'un sultan arabe? Serait-ce parce que, à Bône et à
Constantine, des mesures sages et efficaces ont déterminé les indigènes propriétaires de maisons, à tolérer notre voisinage, tandis
qu'à Oran, Mascara, Tlemcen et Mostaganem, la violence ou l'ar-
bitraire ont expulsé les Arabes de leurs maisons? Serait-ce parce
que les établissemens principaux de la province de l'Est : Guelma,
Constantine, Sétif et Bêtna, sont situés au centre du pays, dans la
zône intermédiaire entre les falaises du Sahara et celles de la Méditerranée, tandis que les principaux établissemens des provinces
d'Alger et d'Oran sont plus particulièrement situés sur le bord de
la mer? Serait-ce pour ces motifs que la domination est solide à
Constantine et précaire à Oran? Il est inutile de soulever cette dis-
cussion ; mais ce qu'il importe de constater, c'est la différence des
moyens employés et des résultats obtenus.

Est-ce que notre domination se serait établie aussi facilement
sur les populations nomades de la province de l'Est, si on n'a-
vait pas eu le bon esprit de retenir à Constantine la population
sédentaire à laquelle venaient aboutir, comme autant de liens,
tous les intérêts matériels des tribus nomades? Si la population
de Constantine avait été expulsée de ses maisons, est-ce que nous
n'aurions pas eu, dans la province dont cette ville est la capitale,
tout autant d'embarras, et plus même, que nous en avons ren-
contrés dans la province d'Oran? Cette conviction, du reste, est
partagée par toutes les personnes éclairées sur les rapports in-

2

times et journaliers qui existent entre les habitans de Constantine et les tribus de toute la province.

Eh bien ! nous le répétons avec M. le général de Létang, le système d'occupation centrale, le système qui consiste à créer de toutes pièces des établissemens français à côté des établissemens indigènes, en restituant aux premiers possesseurs du sol les villes que les circonstances nous ont forcés d'occuper, le système dont l'application, quoique incomplète, a produit d'aussi heureux résultats dans la province de Constantine doit être adopté là où il a été négligé et complété là où il est encore incomplet.

Quelques intérêts privés auraient peut-être à souffrir de cette mesure; mais les intérêts généraux de la domination et de la colonisation y trouveraient d'éminens avantages.

Et puisque nous avons choisi pour exemple les provinces extrêmes de l'Algérie, continuons sur cette donnée première, en prouvant que les intérêts de la domination et de la colonisation réclament impérieusement ce changement de système.

Bône, situé sur le littoral, quoique chef-lieu d'une subdivision importante, qui touche à la régence de Tunis, et s'étend de la mer à Tebessa, ne domine en réalité qu'une faible portion de son territoire administratif; c'est Guelma, situé au milieu des terres qui est le véritable instrument de sa soumission.

Et quant à la colonisation, l'administration rencontre partout autour de Bône la propriété arabe ou européenne; aussi les terres manquent-elles.

Au contraire, entre Guelma, Constantine et Tébessa, existe un vaste territoire, fertile, situé tout en plaine, bien arrosé, où l'Etat possède un vaste domaine sur lequel la colonisation pourrait s'étendre sans difficulté.

Ce territoire est occupé par des tribus soumises, il est vrai, mais sur lesquelles notre action ne sera complète que le jour où le centre de la subdivision se sera rapproché d'elles.

Transportons donc, soit à Tifech, soit à Khemiça, ou en tout autre lieu, la garnison de Bône ; installons dans ce nouvel établissement tout militaire à son origine, mais qui deviendra bientôt une vaste colonie, à la fois civile et militaire ; installons-y le centre de la subdivision, et immédiatement nous satisfaisons à un double besoin : la domination complète et la colonisation large.

La domination se complète parce que ce point occupe la croisée des deux grandes routes de la subdivision, celle de Tunis à Constantine, et celle de Bône au Sahara ; parce qu'il forme l'un des foyers commerciaux de la province ; enfin, parce qu'il est situé sur le territoire de la plus importante tribu de la subdivision, et que l'assimilation de cette tribu entraîne celle de presque toutes les autres à une grande distance.

Le champ de la colonisation s'élargit, parce qu'au lieu d'acheter des terres à très-haut prix, sur le bord de la mer, nous les trouvons, dans l'intérieur, gratuites, plus fertiles et plus riches.

Du reste, nous croyons savoir d'une manière certaine que cette translation du siége du commandement de la subdivision de Bône est sollicitée depuis long-temps par le commandant supérieur lui-même, M. le général Randon.

Il ne faut pas se dissimuler que cette mesure jetera d'abord quelque trouble dans les conditions d'existence de Bône et des villes qui, comme elle, se trouveraient immédiatement privées de leurs garnisons et du budget de ces garnisons ; cependant il ne faut pas exagérer l'importance de cette crise passagère.

A Bône, comme dans la plupart des villes de l'Algérie, la population civile se partage en deux classes bien distinctes : l'une à peu près nomade, qui suit l'armée et ne vit que par l'armée ; tels sont les cafetiers, débitans de vins et de liqueurs, marchands de comestibles, de tabac, etc. ; l'autre, plus sédentaire, déjà implantée sur le sol, et qui vit d'industrie, de commerce et d'agriculture.

La première catégorie suivra l'armée et n'aura à supporter d'au-

2.

tre charge que celle du déplacement qui bientôt sera compensée par une augmentation de bénéfices.

La seconde catégorie, propriétaire d'immeubles loués fort cher, éprouvera momentanément quelque gêne, mais reprendra bientôt l'équilibre par l'accroissement de son commerce, l'ouverture de nouveaux débouchés, l'arrivée et le départ des caravanes ou des convois, enfin par le mouvement incessant de marchandises qui s'établira entre le port et les villes de l'intérieur.

La plus grande perturbation portera sur la valeur des immeubles et des loyers, mais l'abaissement des prix sera faible, car on cessera de construire de nouvelles maisons, et les capitaux qui avaient cette destination seront employés au même usage dans les villes à fonder ; ainsi pour Bône en particulier, on renoncera au projet d'agrandissement de la ville, et les loyers des maisons subiront, à peu de chose près, la baisse qui résulterait de la construction d'un nouveau quartier.

En résumé donc, pour Bône comme pour les autres villes, le déplacement des garnisons ne compromettra sérieusement aucune existence. Nous tenions à démontrer cette vérité et à prévenir les objections de quelques intérêts étroits ou égoïstes.

A Constantine, l'alignement des rues, le besoin de les rendre carrosables, l'occupation exclusivement militaire de la Kasba, les nombreux établissemens fondés par la population civile européenne, ont privé les Arabes d'une grande partie des immeubles qu'ils occupaient avant l'arrivée des Français ; aussi la population indigène se trouve-t-elle assez resserrée.

D'un autre côté, la population européenne ne l'est par moins ; les constructions qui lui sont nécessaires ne peuvent se développer, parce que la ville est située sur un rocher, et que ce rocher, jeté dans un angle formé par le cours du Roumel, comme une presqu'île, est limité par un fossé infranchissable.

Les deux populations se pressent donc et s'étouffent ; on a dû assigner aux indigènes un quartier arabe et aux Européens un quartier français ; mais les uns et les autres n'en sont pas pour cela plus à l'aise.

A plusieurs kilomètres autour de Constantine, le sol est accidenté, raviné, médiocrement fertile ; il se prête donc difficilement à la grande culture, à la grande colonisation. Au nord règnent les crêtes rocheuses du Sidi-Mecid ; au sud, les versans escarpés du Chettaba ; à l'ouest, le bassin marécageux du Hamma. Reste donc, comme seul terrain de grande culture, la vallée du Bou-Merzoug.

La plus grande partie du sol, à quelques kilomètres de la ville, fractionnée en petites parcelles, appartient en propriété incommutable à des indigènes.

L'impossibilité, pour la population européenne, de se développer à Constantine ; la difficulté de s'y livrer à de grands travaux agricoles, conduisent naturellement à chercher ailleurs de meilleures conditions pour l'installation d'une capitale européenne.

A l'ouest de Constantine, à une journée de marche sur la route de Sétif, au milieu du Sera, existe une belle contrée dont les terres, les plus fertiles de la province, les mieux arrosées, appartiennent à l'Etat. Cette contrée privilégiée est évidemment l'emplacement d'une colonie française. Comprenons donc de suite les devoirs que nous impose la situation particulière de Constantine ; restituons cette ville aux indigènes en conservant seulement une garnison dans la Kasba, et créons une nouvelle capitale de la province, sur l'un des nombreux cours d'eau qui arrosent le Sera.

Nous avons déjà fait pressentir que nous considérions la garnison de Philippeville comme inutile ; déplaçons-la également pour la transplanter à Bordj-Medjana. Ce dernier établissement complétera avec Sétif, la ville du Sera, Tiffech ou Khemiça, la ligne d'occupation centrale de la province de Constantine.

Maintenant, si de la province de Constantine on se transporte dans la province d'Oran, quatre établissemens principaux appellent l'attention : deux sur la ligne centrale, Tlemcen et Mascara, deux sur le littoral, Oran et Mostaganem.

L'intervalle compris d'une part entre Tlemcen et Mascara, de l'autre entre Mascara et Miliana, est trop grand ; aussi a-t-on dû entretenir des colonnes mobiles entre ces points, pour assurer, tant bien que mal, la domination sur les tribus éloignées de ces villes.

Oran et Mostaganem sont deux établissemens militaires inutiles pour la soumission du pays ; ils seraient bien mieux situés, l'un sur l'Ouad-Mekerra, entre Mascara et Tlemcen ; l'autre sur l'Ouad-Riou, entre Mascara, Orléansville et Miliana.

Les territoires d'Oran et de Mostaganem offrent peu d'avantages à la grande culture, à cause de leur nature et du manque d'eau.

Appliquer à l'occupation de cette province les principes émis par M. le lieutenant-général baron de Létang serait donc faire à la fois œuvre de colonisation et œuvre de domination.

La garnison de Mascara pourrait aussi être avantageusement déplacée ; en l'installant à l'extrémité Est de la plaine d'Eghrës, entre les Flita à l'Est, les Sdama au Sud, les Hachem à l'Ouest, les Bordjia au Nord, ces quatre grandes tribus, qui ont toujours joué un rôle prépondérant dans les affaires du pays, seraient maîtrisées et dominées.

Tlemcen occupe une position centrale avantageuse, cependant en raison des efforts tentés par l'émir pour organiser dans le Maroc un centre de résistance à la domination française, peut-être serait-il plus avantageux de rapprocher de la frontière l'établissement principal de la subdivision.

Dans la province d'Oran, comme dans la province de Constantine, le déplacement des principaux postes ne compromet réellement aucun des intérêts existans ; il augmente, au contraire, les moyens de domination et de colonisation, puisqu'il crée de nouveaux points de contact avec les indigènes, et détermine la fondation d'établissemens où l'installation d'une population nouvelle développera l'agriculture et le commerce.

Si, pour compléter le système d'occupation, de domination et même de colonisation de M. le lieutenant-général baron de Létang, on pénètre dans la province d'Alger, la réforme proposée s'y montre encore plus urgente qu'ailleurs.

Miliana et Médéa sont trop rapprochées l'une de l'autre pour ne pas faire double emploi, et la distance qui sépare Miliana de Mascara et Médéa de Sétif est trop considérable, pour ne pas nécessiter le déplacement de l'une de ces deux villes, et la création d'établissemens français destinés à combler les vides qui existent sur les limites des trois provinces.

Depuis un an, les troupes de Médéa et de Sétif ont continuellement stationné entre le Dira, l'Ouannougha et le Sebaou. N'est-ce pas un indice suffisant qu'il faut un établissement important dans cette contrée? Depuis long-temps on a désigné Hamza. Que ce soit ce point ou un autre, nous sommes convaincus que notre domination ferait un pas immense en s'établissant dans cette région d'une manière solide et permanente. La vaste lacune comprise entre Médéa et Sétif laisse ouverte la porte de la Kabilie, et c'est par cette porte qu'Abd-el-Kader vient de pénétrer dans le Djerdjera.

Les garnisons d'Alger, Douera, Boufarik, Blida et Koléa étant inutiles pour la domination des tribus indigènes, puisqu'il n'en existe aucune autour de ces postes, ces garnisons, sans augmentation d'effectif, peuvent être employées utilement à la création de nouveaux établissemens entre Médéa et Sétif à l'Est, Miliana et Mascara à l'Ouest. Tant que ces établissemens ne seront pas fondés, il faudra, comme on l'a fait depuis six mois, garder l'immense intervalle qu'ils comprennent, à l'aide de colonnes mobiles dont l'entretien stérile est beaucoup plus dispendieux que la création utile d'une ville nouvelle.

Tous ces motifs nous portent à croire, avec M. le général de Létang, qu'il y aurait tout avantage à laisser les principales villes du littoral, soit à la population civile européenne, soit à la population indigène et de créer, au centre du pays arabe, de nouveaux postes militaires dominant à la fois les populations indigènes et jetant les premières bases d'établissemens coloniaux.

Ces nouveaux établissemens, situés au centre du Tell, formeront une ligne continue depuis la frontière du Maroc jusqu'à la frontière de Tunis.

Cette ligne d'établissemens de premier ordre passerait par Lella-Maghnia, Tlemcen, Mekerra, Ouad-el-Abd inférieur, Ouad-Riou, Chélif, Médéa, Hamza, Bordj-Medjana, Sétif, Sera, Constantine et Tifech.

Les autres points occupés aujourd'hui sur la ligne saharienne, seraient autant de sentinelles avancées ; ceux du littoral, autant de ports destinés à l'approvisionnement des établissemens du centre.

Ces postes secondaires n'auraient pour garnisons que le nombre d'hommes strictement nécessaire pour la garde des portes.

Dans l'adoption immédiate de ce systême d'occupation, à la fois dominateur et colonisateur, le gouvernement trouverait la solution de toutes les difficultés qu'il rencontre depuis un an, et qui grandissent de jour en jour.

§ II.

Gouvernement des indigènes.

Qu'on se rappelle quelles étaient, à la fin de 1839, nos relations avec les tribus de l'Algérie et à quoi se réduisaient nos connaissances sur l'intérieur du pays, on comprendra combien il eût été alors difficile à M. le lieutenant-général baron de Létang de formuler en détail un système complet de gouvernement des indigènes ; aussi se borne-t-il à quelques indications générales et à quelques conseils pour des cas particuliers. Mais, quoique les propositions de cet officier général laissent entre elles de vastes lacunes, cependant l'esprit de sagesse qui les distingue les rend dignes d'être prises en considération.

M. le lieutenant-général de Létang, n'a recours, ni à l'emploi de la force, ni à des expéditions ruineuses, pour contraindre les populations à la soumission. Il s'établit au milieu de leur territoire, s'y installe, sans s'inquiéter de l'opposition qu'il rencontre, et sait attendre que le temps, les besoins, le commerce les amènent à composition et les forcent naturellement à entrer en relations d'affaires avec les établissemens français. C'est, on le voit, un système passif de conquête; mais aussi il évite la haine, les révoltes, les représailles sanglantes, qui conduisent naturellement et insensiblement à la ruine du peuple indigène et à la dépopulation du pays.

Afin que les tribus ne se méprennent pas sur la conduite qu'il veut tenir à leur égard, chaque fois que les progrès de l'occupation et de la domination le mettent en contact avec de nouvelles peuplades, M. le lieutenant-général de Létang leur adresse une proclamation dans laquelle il indique et le but qu'il veut atteindre, et la marche qu'il se propose de suivre; cette proclamation forme une espèce de charte où sont écrits les droits et les devoirs du peuple conquérant et du peuple conquis.

Cette charte, expression complète de la politique de M. le lieutenant-général de Létang à l'égard des indigènes, est formulée en ces termes :

« La volonté de Dieu, leur dit-il, nous a amenés parmi vous ;
« la force de nos armes, en expulsant les Turcs, vos anciens op-
« presseurs, nous a rendus les souverains maîtres de votre pays,
« et NOUS CONSERVERONS NOTRE CONQUÊTE.

« C'est donc à nous que vous devez désormais *soumission*. Ac-
« ceptez notre *suprématie* et notre *protection* vous sera assurée
« en tout temps.

« *L'équité* et la *modération* seront les seules règles de notre
« conduite envers vous ; *vos biens, votre religion, vos mœurs,*
« *vos usages seront respectés* ; nous ne voulons ni vous inquiéter
« dans vos villes dont nous vous abandonnons le séjour, ni dé-
« posséder aucune tribu de son territoire; et cependant, grâce à
« votre *alliance* avec nous, *vos terrains deviendront plus fertiles,*
« *votre commerce s'étendra et votre bien-être s'augmentera.*

« Heureux donc ceux qui se rallieront sincèrement à notre
« cause, puisque la paix, l'abondance et la prospérité seront leur
« partage.

« Mais *malheur à ceux qui méconnaîtront notre souveraineté,*
« car les calamités de la guerre tomberont sur eux et leur prouve-
« ront qu'on ne nous résiste pas impunément. »

Nous devons déclarer qu'à l'égard du peuple arabe, nous aimons beaucoup mieux les bienfaits que les promesses, et les actes que les paroles ; cependant nous acceptons ce langage de M. le général de Létang comme un gage de sa conduite envers les indigènes, s'il eût été appelé à faire application de ses principes.

Nous tenons, toutefois, à constater que les moyens proposés par un officier-général qui a vu de près toutes les résistances, reposent aussi bien sur l'attraction et la bienveillance, que sur la violence et la répression. Il offre un prix à la soumission en même temps qu'il menace la révolte.

Cette marche d'ailleurs bien simple, diffère pourtant de celle qui a été suivie jusqu'à ce jour ; car on s'est contenté de menacer la révolte ; en retour de la soumission on n'a rien offert aux tribus, on s'est toujours préoccupé de faire craindre et jamais de faire aimer notre domination. C'est une vérité dont l'expression se trouve consignée en termes beaucoup trop explicites malheureusement dans l'ouvrage intitulé : *Exposé de l'état actuel de la société arabe*, publié sous les auspices de M. le gouverneur-général de l'Algérie.

En échange de l'acceptation de notre souveraineté, M. le général de Létang donne protection efficace, et sa promesse n'est pas vaine, car les établissemens qu'il veut former sont situés au centre des tribus principales, et quoi qu'il arrive, il peut toujours garantir ses sujets contre les attaques de leurs ennemis, soit qu'il aille les défendre lui-même, soit que les tribus viennent se réfugier sous la protection de ses canons.

Protéger les tribus contre les spoliations de leurs chefs, contre les razzia de leurs ennemis, tel est le problème à résoudre, et de sa solution dépend la pacification entière du pays.

Qu'on interroge les Arabes sur le gouvernement qu'ils préfèrent, ils répondront : « Nous sommes avec les plus forts ; nous appartenons à celui qui saura protéger nos personnes et nos biens. »

Pourquoi les tribus de la province de Constantine, après avoir reconnu notre souveraineté, sont-elles restées fidèles à leurs engagemens ? C'est qu'en même temps que nous les avons protégées contre les agressions d'Ahmed-Bey, d'Abd-el-Kader et de leurs partisans, nous les avons mises à l'abri des déprédations de leurs chefs.

Pourquoi, depuis deux ans, la plupart des tribus des provinces d'Oran et d'Alger ont-elles foulé aux pieds leurs sermens et méprisé notre souveraineté pour reconnaître celle d'Abd-el-Kader ou de Bou-Maza? C'est que partout notre protection a été en défaut, c'est que chaque jour les administrés de nos khalifa et agha étaient victimes de razzia occultes, razzia d'autant plus funestes que sous le nom *d'impôt* ou *d'amendes,* elles revêtaient une forme légale et administrative.

Tant que nous ne pourrons pas *protéger* efficacement les tribus contre les ennemis que nous venons de signaler, il ne faut pas songer à les *gouverner*.

On les protégera efficacement contre leurs ennemis extérieurs, le jour où les garnisons françaises seront installées au centre des tribus d'après le système que nous avons développé précédemment.

On les protégera efficacement contre leurs ennemis intérieurs, le le jour où le chef de chacun des grands établissemens dont nous proposons l'installation sur toute la ligne centrale, surveilleront directement l'administration des chefs indigènes.

Sous ce rapport, le système d'*occupation,* de *domination* et de *protection* de M. le lieutenant-général baron de Létang nous paraît constituer une *base solide* de gouvernement indigène.

Une fois la protection française assurée à toutes les tribus, M. le général de Létang compte beaucoup sur *l'intérêt personnel* pour vaincre les répugnances de religion, et il donne satisfaction à cet intérêt par tous les moyens à sa disposition, mais principalement par le *commerce.*

Chaque établissement français devient un marché où le producteur indigène peut vendre ce qui n'est pas nécessaire à sa consommation et acheter toutes les denrées dont il a besoin, même des armes et des munitions.

En donnant aux marchés français une franchise absolue, M. le général de Létang, espère avec raison faire perdre aux Arabes l'habitude de continuer leurs relations commerciales avec les Etats voisins, Tunis et Maroc, et il y trouve un double avantage : celui de rendre notre contact indispensable, et celui de restituer à la circulation des valeurs qui allaient s'engloutir sous terre ou qui passaient en des mains étrangères.

Vendre des armes et des munitions à des hommes qui depuis quinze ans nous font la guerre, paraîtra sans doute impolitique aux personnes qui proposent le désarmement comme mesure de gouvernement et de pacification ; cependant la proposition de M. le général de Létang nous paraît très-rationnelle.

A trois reprises différentes, depuis un an, on a désarmé les tribus du Dahra, et néanmoins elles ont encore des armes. Les rapports de M. le maréchal-gouverneur en font foi. Ces nouvelles armes proviennent d'achats faits à l'étranger, et dont le commerce de nos voisins d'outre-mer a profité à notre détriment.

Cent fois depuis quinze ans nos troupes se sont mesurées avec les Arabes, et souvent le feu des bataillons français a dû cesser faute de munitions ; jamais nos adversaires n'ont manqué de poudre ; ils en fabriquent chez eux, ils en achètent à l'étranger, qu'ils paient avec des écus français. Autant vaudrait que notre commerce profitât des bénéfices dont s'enrichit le commerce de Gibralter.

M. le lieutenant-général de Létang attend de cette liberté laissée au commerce avec les indigènes, l'ouverture de relations journalières avec eux, mais il fonde aussi de grandes espérances sur le concours que peuvent lui prêter les médecins de notre armée. En effet, les officiers de santé, objet de la vénération des Arabes pour les services qu'ils leur rendent, peuvent et doivent devenir des auxiliaires puissans pour l'affermissement de notre domination en Algérie, mais il ne faut pas leur dénier la part de légitime influence qu'ils doivent exercer sur les affaires du pays ; il ne faut pas voir en eux que des *panseurs de plaies,* mais des agens politiques dont le diplôme n'est qu'un passeport pour pénétrer dans les secrets les plus intimes du peuple arabe.

Tels sont les moyens d'attraction proposés par M. le général de Létang, pour entrer en relations avec les indigènes. Voyons maintenant quelles conditions il leur impose en échange de sa protection, et quels sont les moyens qu'il emploie pour assurer l'exécution de ces conditions.

En retour de tous les avantages que la protection française assure aux indigènes, M. le lieutenant-général baron de Létang n'exige d'eux qu'une soumission passive, et un impôt minime comme gage de cette soumission.

« Partout où il y a gouvernement, dit l'auteur de l'ouvrage que
« nous analysons, il y a nécessairement des impôts ; car le gouver-
« nement, qui doit administrer les intérêts de tous, a le droit évi-
« dent de prélever sur les administrés l'argent nécessaire à l'ac-
« complissement de sa mission. C'est là une vérité qui n'est point
« hors de la portée de l'intelligence des Arabes ; ils en compren-
« draient facilement la justice, et malgré leurs dogmes religieux,
« ils l'accepteraient bientôt en principe. »

D'abord, et jusqu'à ce que notre domination soit bien affermie, M. le lieutenant-général de Létang ne demande que la moitié des contributions payées aux Turcs, et plus tard, lorsque les ressources du pays seront accrues, une nouvelle assiette des impôts pourra être dressée suivant l'importance de la production et de la richesse des tribus ; pour le moment, il faut considérer l'impôt, plutôt comme une preuve probante de notre autorité, que comme une ressource importante pour le trésor, comme une recette venant en déduction de nos dépenses.

Nous nous associons complètement au principe de modération qui dicte les idées de M. le général de Létang ; ce serait en effet une fort mauvaise spéculation que celle qui aurait pour résultat d'entraîner une dépense de 6, 8 ou 10 millions, pour en obtenir le huitième, le quart, et même la moitié. C'est cependant ce qu'on a fait dans ces dernières années ; il est temps que le gouvernement algérien devienne plus positif, et ne considère [pas l'Algérie seulement comme une affaire d'honneur, mais aussi comme une affaire d'argent, dans laquelle la métropole doit chercher une compensation matérielle à ses sacrifices.

Toutefois, nous pensons qu'il serait dangereux de réduire nos prétentions sur la partie régulière de l'impôt établi par les Turcs. Ce que nous devons abandonner, c'est le supplément irrégulier et oppressif, imposé par le caprice et la cupidité des agens subalternes ; ce sont ces droits qui, sous un grand nombre de noms divers, constituaient, pour le peuple arabe, une foule d'avanies odieuses. Ces droits accessoires s'élevaient souvent, sous le gouvernement turc, au double et au triple de l'impôt : c'étaient des amendes, des bienvenues, des droits de bonne nouvelle, d'investiture, etc. Ce sont tous ces droits abusifs et vexatoires auxquels la France peut et doit renoncer hautement, comme elle l'a fait partout où elle a directement administré.

Mais, réduire la partie régulière de l'impôt, ce serait, aux yeux des Arabes, coter la valeur du gouvernement français au-dessous de celle que le gouvernement turc représentait à ses yeux ; ce serait à l'avance déconsidérer notre autorité, et affaiblir notre crédit.

D'ailleurs, on sait combien c'est une chose difficile, en tous pays, que d'établir de nouveaux impôts. Il faut donc y regarder de bien près avant de renoncer à des droits établis, à des usages reçus et admis sans contestation.

La portion régulière de l'impôt turc est loin d'être onéreuse pour le peuple ; elle le deviendrait encore moins aujourd'hui, que la grande quantité d'argent versée dans le pays a entraîné une dépréciation du numéraire de près de 100 p. 0|0. Ainsi, conserver intégralement l'impôt régulier, c'est en réalité le réduire de moitié.

Ce n'est pas par un dégrèvement matériel, mais par la probité et l'équité de la perception que le gouvernement français doit signaler son avènement aux yeux du peuple indigène.

M. le lieutenant-général de Létang pense ne devoir pas intervenir dans la répartition et dans le recouvrement des impôts; il en laisse toute la responsabilité aux kaïd et aux cheikh des tribus, ne voulant pas que la France accepte la responsabilité des exactions commises par ces chefs.

Convaincu que nous ne pouvons que compromettre notre dignité en intervenant dans l'administration des tribus, tant que nous ne pourrons pas les administrer directement, M. de Létang ne nomme même pas les chefs des tribus. Peu lui importe qu'ils soient hostiles ou favorables, qu'ils acceptent ou refusent la mission de maintenir la paix et l'ordre et de prélever leur contribution; tôt ou tard, il saura les forcer à entrer en composition et à solder l'impôt arriéré.

Ainsi, on le voit, en matière de gouvernement, M. le général de Létang laisse faire les tribus; il leur abandonne le soin de se nommer leurs chefs, et laisse à ceux-ci toute la responsabilité de leurs actes, sans leur prêter l'appui de l'autorité française. Il repousse donc d'une manière absolue le *gouvernement par délégation*; il comprend qu'il vaut mieux, jusqu'à ce que le *gouvernement direct* puisse être appliqué, ne pas s'immiscer dans l'administration des tribus, que de se rendre les complices des violences, des extorsions, des abus d'autorité dont les chefs indigènes se rendent coupables en abusant de notre nom, en invoquant de prétendus ordres qu'ils n'ont pas reçus.

Entre un mal inévitable et un état meilleur qu'il ne croit pas immédiatement réalisable, M. le général de Létang préfère s'abstenir, et nous regrettons, quoique nous préférions de beaucoup le gouvernement direct, nous regrettons que l'administration actuelle n'ait pas cru devoir, dès l'origine, s'imposer la sage réserve de M. le général de Létang.

Au moins, aujourd'hui la France ne serait pas engagée dans un dédale d'insurrections, de révoltes, de trahisons, dont elle ne peut sortir qu'en oubliant bien des fautes, en pardonnant bien des ini-

quités. Dégagée ainsi de toute obligation à l'égard des chefs indigènes, l'armée aurait, pour atteindre Abd-el-Kader, une liberté
d'action qu'elle est loin d'avoir. Qu'arrive-t il aujourd'hui ? Ici, il
faut couvrir un chef compromis pour notre cause ; là, protéger une
tribu menacée de l'invasion ; ailleurs, suspendre une opération
commencée pour voler au secours d'un allié qui réclame notre
appui, heureux encore quand cet allié n'est pas un traître qui ar-
rête notre bras, dans la crainte qu'il n'atteigne un de ses complices ! Et malgré tous les efforts tentés, malgré toutes les fatigues
imposées à nos soldats, n'a-t-on pas à se reprocher d'avoir manqué à ses engagemens à l'égard de bien des tribus qui , en réalité ,
n'ont fait soumission à l'émir que pour éviter ses coups, et parce
que notre armée était impuissante à les protéger.

Il est incontestable que le *gouvernement expectant,* c'est le
nom que nous donnerons au système de M. le général de Létang,
est préférable au gouvernement par délégation ; mais ni l'un ni
l'autre n'est digne d'une grande nation, dont la principale mission
est de civiliser. Le gouvernement direct , le gouvernement des
Arabes par les officiers français , est le seul qui puisse , par suite
du contact incessamment protecteur qu'il établit , présenter les
garanties nécessaires au développement du commerce , de l'industrie et de l'agriculture, ces trois puissans moyens de dominer, de
civiliser et de métamorphoser le pays.

Nous n'insisterons pas sur les avantages du gouvernement direct ; l'opinion publique à cet égard est d'accord avec nous. Le
principe est admis. Ce qui en retarde l'application, c'est le manque
de sujets aptes à la gestion des affaires arabes , et cette difficulté
disparaîtrait promptement par la création d'une école spéciale
d'administration, où l'instruction aurait pour base l'étude de la
langue, des besoins des deux peuples et des grandes lois naturelles,
religieuses et politiques qui régissent le pays.

Du reste , l'application pratique du gouvernement direct, s'accorde parfaitement avec le système d'occupation proposé par M. le lieutenant-général de Létang.

L'installation de la majeure partie de l'armée sur la ligne centrale du Tell, au point de jonction des principaux groupes de population, permet beaucoup mieux, que le système d'occupation actuelle, de centraliser au chef-lieu de la subdivision, toute l'administration indigène, et de contrôler, par les bureaux arabes, les actes des kaïd et des cheïkh, maintenus à la tête des tribus.

Qu'on suppose une ligne de postes de 5,000 hommes chacun, établis de la frontière du Maroc à la frontière de Tunis, et passant par les points que nous avons indiqués : Tlemcen, Mekerra, Mina, Ouad-Riou, Chélif, Médéa, Bordj-Hamza, Bordj-Medjana, Sétif, Sera, Tifech, et le jeu de l'administration directe devient immédiatement facile.

Pour ne citer qu'un exemple, prenons le camp dont nous proposons l'installation sur la Mina, au confluent de l'Ouad-el-Abd. Cet établissement touche, au Nord, à la grande tribu des Bordjia; à l'Est, à celle de Flita; au Sud, aux Sdama; à l'Ouest, aux Hachem-Cheraga. De ce point central, le chef de la subdivision, et le directeur des bureaux arabes peuvent entrer en relations journalières avec les chefs de ces quatre grandes tribus; connaître et surveiller, sans déplacement même, tout ce qui se passe autour d'eux; voir les administrateurs et les administrés, donner des conseils utiles aux uns, écouter les réclamations des autres, enfin donner une impulsion réelle à l'administration des tribus.

Par suite de l'installation de l'armée au centre des principales tribus, il devient possible d'amener les chefs d'abord, les hommes riches et influens ensuite, à construire des habitations stables autour de nos établissemens, et les familles de ces hommes importans deviennent, à leur insu, des ôtages réels qui nous garantissent la sécurité et la tranquillité du pays. Il devient encore possible d'amener et peut-être de contraindre les tribus voisines de ces établissemens à enmagasiner leurs récoltes dans des silos placés sous la surveillance du camp français et d'une smala indigène chargée de leur garde. L'adoption de cette dernière mesure serait un gage de soumission inébranlable, car sans recourir à la razzia, et sans sortir de leurs camps, nos garnisons seraient maîtresses de la fortune des tribus et de leurs moyens d'existence. De leur coté, les indigènes ne seraient plus exposés comme par le passé à être ruinés par les incursions de lèurs ennemis. En cas de danger, chaque tribu soumise pourrait se replier sous le canon de nos établissemens, dans des lieux assignés à l'avance et où elle trouverait ses approvisionnemens. De cette manière, Abd-el-Kader ne pourrait plus contraindre à la soumission que les tribus qui le voudraient bien ; une protection efficace serait assurée à tous, et le pays indigène subirait une transformation complète.

Le jour où l'occupation du pays sera basée sur les besoins de la domination, nous pourrons alors surveiller les rapports des tribus entre elles, assigner à chacune d'elles, à une faible distance de nos établissemens, un lieu et un jour où elles tiendront leurs marchés. Notre commerce et notre politique gagneraient à l'adoption de cette mesure.

Nous trouvons encore un autre avantage à nous installer sur les points où viennent se toucher les territoires de plusieurs grandes tribus. La question des limites entre voisins amène des conflits dont notre présence fait disparaître la cause. Le camp français devient le trait-d'union entre les grandes tribus qui l'entourent.

Cette seule démonstration suffit pour prouver que le système d'occupation proposé par M. le général de Létang, conduit naturellement, ou du moins ouvre la voie au système du gouvernement des tribus par des officiers français.

Il n'est peut-être pas inutile de dire ce que nous entendons par gouvernement direct, car les partisans du gouvernement par délégation affectent de croire que nous avons l'intention de donner à

3.

chaque tribu un maire français, avec des adjoints et des conseillers municipaux.

Loin de nous la pensée de mettre à la tête de chaque tribu un administrateur français, mais nous croyons que chaque chef indigène doit relever directement des officiers chargés de la direction des bureaux arabes, au même titre que le kaïd relève aujourd'hui de l'agha et du khalifa. Nous pensons que le gouvernement algérien doit tendre à supprimer peu à peu, avec ménagement sans doute, tous les hauts fonctionnaires indigènes, soldés par l'Etat, et à leur substituer des inspecteurs français, chargés, ainsi que cela se pratique dans la province de Constantine, de la fixation et de la répartition de l'impôt et du contrôle des actes de chaque fonctionnaire indigène.

Pour une subdivision composée de quatre aghalik, comme celle dont nous proposons la création sur la Mina, au centre des Flita, Sdama, Hachem et Bordjia, cinq officiers suffiraient : un comme directeur des affaires arabes, quatre comme inspecteurs de chacun des quatre aghalik actuels.

Les officiers français susceptibles de remplir ces emplois manquent aujourd'hui, parce qu'on n'a rien fait, ni tenté pour les diriger dans cette voie, mais on peut immédiatement songer à leur recrutement et à leur éducation.

Les chefs indigènes, dignes de notre confiance, sont également bien rares ; les derniers événemens l'ont prouvé, car la plupart des agha, nommés par M. le maréchal Bugeaud, ou nous ont trahi, ou se sont laissés entraîner par la crainte, ou bien n'ont pu retenir dans le devoir leurs administrés. Il serait aussi imprudent de donner des successeurs indigènes à ceux qui ont abandonné notre cause, que de maintenir au pouvoir ceux qui, trop faibles, n'ont point justifié la confiance que nous leur avions accordée.

La difficulté, pour ne pas dire l'impossibilité de trouver dans l'aristocratie indigène, les élémens d'un bon personnel administratif, nous oblige donc à chercher ailleurs des hommes instruits, probes et dévoués.

Les idées à l'aide desquelles nous complétons le système d'occupation, de domination et de gouvernement proposé par M. le lieutenant-général de Létang, seront, nous en sommes convaincus, adoptées par l'auteur *des Moyens d'assurer la domination française en Algérie;* elles sont simples, logiques, et surtout efficaces, et comptent en leur faveur les sympathies du gouvernement central et des hommes qui, dans les deux Chambres, se sont occupés spécialement des affaires de l'Algérie.

Quel que soit le système du gouvernement adopté pour les indigènes, il serait puéril de croire que des mesures conciliatrices, la justice, la modération, les rallieront immédiatement à notre cause. Nous rencontrerons, sans aucun doute, des populations réfractaires. Trop de causes d'antipathies, de haine, de vengeance même, existent entre les Arabes et nous, pour ne pas compter sur des soulèvemens et des révoltes ; dès lors, il importe d'être fixé à l'avance sur les moyens de répression à employer à l'égard des rebelles.

M. le lieutenant-général de Létang est d'avis qu'il faut frapper fort, mais frapper juste, qu'il faut atteindre les meneurs de préférence aux malheureux qui se sont laissé entraîner par ignorance ou par fanatisme ; il pense qu'il vaut mieux punir nos ennemis dans leurs personnes que dans leurs biens, car la dévastation des campagnes, la destruction des arbres, l'incendie des moissons, des douars et des villages, sont des actes qui éloignent le but colonisateur que nous voulons atteindre. Il propose donc, comme principal moyen de répression, la captivité et l'exil.

« Pour de fidèles musulmans, dit l'ancien commandant supérieur « de la province d'Oran, la mort même paraîtra préférable à la dé- « portation, et ce sentiment se comprendra facilement, si l'on « songe à la profonde compassion qu'excitèrent autrefois chez « nous les chrétiens réduits à l'esclavage dans les Etats barbares-

« ques. Quels sacrifices ne s'imposa pas alors la chrétienté pour
« leur rachat! Les Arabes transportés en France n'y seraient
« pas esclaves ; de nos jours, le droit des gens s'y opposerait ; mais
« leur position n'en serait pas moins déplorable aux yeux de leurs
« coreligionnaires, dont le fanatisme surpasse encore aujourd'hui
« celui dont les chrétiens furent jamais animés, même au temps
« des croisades. »

Nous pensons avec M. le général de Létang, que forcées d'opter
entre la soumission ou l'exil, la plupart des tribus accepteraient
notre domination.

Multiplier le nombre des prisonniers et les nourrir dans l'oisi-
veté, c'est imposer à la France une charge considérable ; aussi M. le
général de Létang et nous-mêmes, nous nous sommes déjà préoccupés d'utiliser ces prisonniers de manière à ce que les travaux des
hommes valides servent à couvrir les dépenses d'entretien des
vieillards, des femmes et des enfans.

Quand on considère qu'il existe en Algérie des terres d'une fer-
tilité remarquable, mais qui pour être cultivées ont besoin d'être
assainies ; quand on sait que les marais de la Mitidja, de la plaine
de Bône et des environs de Philippeville et de Constantine, ne peuvent être desséchés par des bras européens, sans qu'il en résulte une
mortalité considérable, on se demande comment le Gouvernement
n'a pas songé à employer aux travaux d'assainissement les bras
de ses prisonniers de guerre et à donner une direction éminem-
ment utile à l'activité et à l'énergie dont ils font contre nous un
usage si funeste. Ces travaux, d'ailleurs, ne sauraient être exécu-
tés que par des indigènes déjà acclimatés et habitués à l'influence marécageuse du pays natal.

On objecte que la garde de ces prisonniers sera difficile, on
craint que leur travail ne compense pas les sacrifices que coûte-
rait l'installation de ces nouveaux ateliers ; mais vraiment c'est s'ar-
rêter à des difficultés plutôt fictives que réelles. Dût-on employer

cent hommes pour garder cent prisonniers, il y aurait encore avantage, car le travail dans les marais entre bien pour quelque chose dans la cause des maladies paludéennes. Quant au travail, il sera ce qu'on voudra, en punissant par la privation de nourriture ceux qui s'y refuseraient et en récompensant les efforts de ceux qui prendraient leur sort avec résignation.

Qu'on en soit bien convaincu, ce genre de punition, sous les yeux mêmes de leurs coreligionnaires, sera, pour les Arabes, plus effrayant que l'exil lui-même et en même temps qu'il frappe de terreur des hommes naturellement paresseux, le travail de dessèchement des marais complète la conquête du sol aussi bien qu'un gouvernement juste et sage assure la conquête morale et matérielle de ces populations que nous n'avons su que combattre et jamais utiliser.

Mais pour que ce gouvernement puisse s'établir, pour que ces populations puissent être utilisées, il faut vaincre les résistances, réprimer les révoltes et atteindre enfin nos principaux ennemis. On sait quel résultat a produit le système d'opérations militaires entreprises par M. le maréchal Bugeaud. Les moyens proposés par M. le général de Létang présentent des différences que nous signalerons en faisant connaître le rôle actif qu'il réserve à l'armée.

§ III.

Colonisation par les indigènes.

M. le lieutenant-général de Létang est un des premiers écrivains militaires qui ait vu dans la population indigène autre chose qu'une matière à razzia, une masse confuse, élément de bulletins et d'avancement. Il appartenait à un officier-général, l'un de ceux qui ont le mieux pratiqué la guerre en Algérie, de protester par une profession de foi publique contre le reproche adressé trop souvent aux chefs de notre armée, de ne procéder à la conquête de l'Algérie, que par la destruction des richesses du pays et par l'extermination du peuple indigène.

M. le général de Létang présente sous la forme la plus pratique et la plus réalisable ses idées sur la colonisation indigène.

Avant de convier les Arabes à construire des habitations, à planter des arbres, à se livrer à des opérations agricoles qui exigent un travail constant et journalier, il a voulu d'abord leur donner des garanties contre la spoliation de leurs maisons, contre le ravage de leurs vergers, contre l'incendie de leurs récoltes, en, restituant à leurs anciens propriétaires les maisons que leurs ancêtres avaient bâties, les jardins, les vergers fruits de leurs labeurs, les champs sur lesquels avant nous ils cultivaient, l'olivier, l'amandier, le mûrier, la vigne, le coton, etc. Bien différent de nos généraux qui détruisent les villages, coupent les arbres à leur racine, incendient les moissons, il a voulu proclamer, autrement que par des promesses, le respect de la propriété mobilière et immobilière.

Comment, en effet, conseiller aux indigènes d'abandonner la tente pour la maison, le libre parcours pour la culture stable, la vie nomade qui laisse languir le sol pour la vie sédentaire qui le vivifie,

quand chaque jour des incursions militaires forcent l'Arabe à devenir errant et vagabond pour échapper aux rudes atteintes du sabre.

La restitution des villes indigènes à leurs anciens habitans est
donc l'acte préliminaire indispensable de la colonisation par les indigènes, nous dirons plus, c'est le premier acte administratif par
lequel nous devons clore la période de guerre et inaugurer une ère
nouvelle de paix et de production.

Mais, dira-t-on, à part quelques familles de Maures descendues
des anciens possesseurs de l'Espagne, à part quelques familles de
Turcs et de Koulouglis (fils de soldats), réduites maintenant à un
petit nombre, et qui avaient contracté en Europe les habitudes de
la vie sédentaire, l'élément indigène est réfractaire à la stabilisation, condition première de toute colonisation.

Cette erreur, généralement accréditée, est démentie chaque jour
par l'observation et l'étude sérieuse des mœurs et des habitudes
des indigènes de l'Algérie.

Partout où la nature des lieux, et l'éloignement des centres d'où
partaient les razzia des anciens dominateurs du pays, donnaient
quelque sécurité à la famille, on trouve des villes, des villages et des
cultures fixes. Dans les montagnes du Tell, chez les Trara, chez les
Beni-Snous, dans l'Ouer-Senis, chez les Beni-Menasser, dans le
Djerdjera, dans le Sahel-Babour, dans l'Aurès, comme dans les im-
mensités du Sahara, dans le Ziban, dans l'Ouad-Righ, le pays
d'Ouargla, la terre des Beni-Mzab, les oasis des Ksour, d'El-Abiad-
Sidi-Cheikh, partout la maison remplace la tente, la culture des
grands végétaux contraste avec l'état de nudité des plaines, l'industrie manufacturière rivalise avec les professions primitives de
berger et de laboureur, les seules possibles dans les plaines rava-
gées périodiquement par le fléau destructeur de la razzia.

Partout où le caractère religieux des personnes couvrait la propriété de sa protection toute puissante, l'explorateur trouve des
Zaouia et des Guetna (ermitages), dont les maisons forment tantôt

des villages, tantôt de petites villes. Ces sortes d'établissemens religieux abondènt dans les trois provinces.

Dans la province de Constantine, des cultivateurs de toutes les tribus viennent annuellement labourer, comme fermiers, des terres de l'ancien Beylik, sous la protection immédiate des principaux fonctionnaires. Eh bien! dans quelques-uns de ces azels (terres de dépossession), particulièrement dans ceux situés près du Sahel (littoral), on voit l'habitant de la tribu nomade plier sa tente, et faire sa résidence dans le gourbi occupé par son prédécesseur. Il devient momentanément sédentaire, parce que sa qualité de fermier ou de khammas (quintinnier) d'un grand seigneur lui donne sécurité et protection.

Combien de ruines de toutes les époques et de toutes les dominations couvrent le sol; elles attestent que dans tous les temps et dans tous les lieux la population indigène a protesté contre les embarras de l'habitation sous la tente et le régime du déplacement périodique, auxquels les a obligé depuis l'état précaire de la propriété.

Toujours la population arabe, comme la population kabile, a montré des tendances à la stabilisation, par conséquent à la colonisation, et sans remonter au-delà de la domination française, des témoignages irrécusables attestent ces tendances générales.

Près d'Oran, les chefs des Douair et de Smala ont rétabli l'ancien faubourg de Ras-el-Aïn (tête de la fontaine) en y élevant des maisons pour eux, des chaumières pour leurs serviteurs.

Des notables indigènes ont demandé des concessions au village de Sidi-Chami, élevé depuis peu par l'administration civile, et ont accepté les mêmes conditions que les colons européens.

A Aïn-Teukria, au sud-ouest de Tniet-el-Had (défilé du Dimanche), un chef indigène, Ahmar-Ben-Ferhat, a construit une maison autour de laquelle il avait groupé sa petite smala. Cette maison a été détruite par les insurgés.

Entre Médéa et El-Aghouat, sur la route du Sahara, les Ouled-

Sidi-Aïça, marabouts les plus influens du Titeri, avaient également construit plusieurs ksour (villages fortifiés) aux lieux d'étapes obligées pour les caravanes. Malheureusement, ces établissemens ont dû être abandonnés lors de l'invasion d'Abd-el-Kader.

N'a-t-on pas vu, dernièrement, le khalifa Ben-Mahi-ed-Din et les principaux chefs du district de Sebaou, envoyer chercher à Alger des planches et des tuiles pour couvrir des maisons qu'ils s'étaient fait bâtir.

A Mouzaïa, des ouvriers kabiles travaillent, à côté des mineurs européens, à l'exploitation de la mine de cuivre concédée à la maison Henry frères, de Marseille, et montrent une aptitude et une intelligence remarquables dans les travaux qui leur sont confiés.

Près de Philippeville, la tribu des Beni-Mehenna a demandé des terres en concession pour y construire des villages.

Les Zerdeza qui habitent le massif de montagne au centre du triangle formé par Philippeville, Bône et Constantine, voulant utiliser une chute d'eau, sont venus prier M. le colonel Barthélemy, commandant du cercle duquel ils dépendent, de mettre à leur disposition quelques soldats du génie, pour construire un moulin.

Dans la subdivision de Bône, autour de Guelma, dans les montagnes de l'Edough, plusieurs chefs de tribus ont déjà établi des habitations stables au centre de leurs districts administratifs, espèces de municipalités qui rapprochent la tribu arabe de la commune française.

Au mois de mai dernier, deux colons de la province de Constantine ont reçu du Gouvernement une noble récompense pour les industries utiles qu'ils avaient fondées dans le pays; l'un d'eux, Karési, ainsi que l'indique son nom, est originaire de la tribu des Karésa, voisine de Bône.

Dans la banlieue de Constantine, des propriétaires indigènes confians dans la sécurité que donne l'administration française, ont restauré, rétabli la plupart de leurs bordj (maisons de campagne) tombés en ruine sous le régime spoliateur des Turcs. Quelques-uns même en ont construit de nouveaux.

Dernièrement, la commission administrative de Constantine était saisie d'une demande de concession faite par le fils du cheikh-el-Islam (grand-prêtre de l'islamisme), Sid-Hamouda, et par un ingénieur français, M. Prax, ancien élève de l'Ecole polytechnique. Ils prenaient l'engagement d'édifier un village indigène sur la propriété domaniale de l'Ouad-ed-Deheb (rivière d'or), située entre Constantine et Sétif.

A Betna, un chef des environs s'est fait construire une maison qu'il habite avec sa famille.

En 1841, sous l'administration de M. le lieutenant-général baron Galbois, un officier français, M. le capitaine d'état-major de Saint-Sauveur, avait été nommé kaïd de trois tribus : les Drid, les Arb-Masin, les Ouled-Sellam-Arb-Bkikia ; les premières cultivent à titre de fermiers des terres domaniales, voisines de Constantine ; la troisième campe au-delà du Nif-Enser (bec d'aigle) dans des terrains boisés. M. de St-Sauveur était parvenu, après une année de gestion, à faire comprendre à ces trois tribus les avantages de l'habitation fixe sur la maison de poil de chèvre et de chameau, et avait obtenu d'elles la promesse d'un concours commun pour transformer leurs tentes en maisons. Les Ouled-Sellam s'étaient engagés à livrer les bois de construction aux deux tribus de la plaine, et ces deux dernières devaient fournir les autres matériaux. Le temps a manqué à cet officier pour réaliser cette grande transformation. L'année suivante, le successeur de M. le lieutenant-général Galbois, convaincu sans doute que le gouvernement des Arabes par l'aristocratie indigène était le seul possible, avait remplacé l'officier français dans son commandement.

Sous l'administration de M. le général Galbois, quatorze tribus, à l'exemple des Drid et des Ouled-Sellam, étaient venues offrir à des officiers français d'être leur kaïd et les cheikh de l'une d'elles,

les Segnia, disaient à l'un de nos amis, M. le capitaine du génie Carette, pour le décider à accepter cette fonction : « Nous te bâtirons une belle maison et, pour que tu sois en sécurité au milieu de nous, nous établirons un village autour de ton habitation. »

Ainsi donc, les indigènes, pour nous servir de leur langage, ne demandent pas mieux que de transformer leurs maisons de poil en maisons de pierres ; mais, pour cela, il leur faut la sécurité, il leur faut des garanties contre la razzia. Dans la province de Constantine, en 1841, ils pensaient, et ils le croient encore aujourd'hui, trouver ces gages de sécurité dans la personne d'un chef français.

Du reste, ce n'est pas seulement dans la province de Constantine que nous constatons ces tendances à l'adoption de nos mœurs et de nos habitudes; à Oran, à Alger, où de grands travaux appellent de nombreux ouvriers, le manœuvre kabile et arabe se mêle chaque jour avec le maçon européen. Ici, un charretier en burnous, là, un faucheur revêtu d'un habaïa (longue tunique), ailleurs, un jardinier avec un turban, témoignent hautement de l'aptitude des indigènes à subir l'influence de notre contact; partout les faits prouvent jusqu'à la dernière évidence, que l'élément indigène n'attend que des exemples et des encouragemens, pour se transformer et prendre sa part dans l'œuvre de la colonisation du pays.

Nous venons de citer, à l'appui de l'opinion émise par M. le lieutenant-général de Létang, quelques faits, ceux qui sont à notre connaissance, mais bien d'autres encore qui nous échappent, sont autant de protestations solennelles contre l'opinion trop généralement admise, qu'il est impossible de faire participer le peuple indigène à la conquête du sol.

Jusqu'à présent nous n'avons demandé à ce peuple que des instrumens de destruction, et il ne nous a donné que des spahis et des zouaves ; demandons-lui des instrumens de production, et il nous donnera des ouvriers, des manœuvres, des artisans, des marins.

Combien de fois, depuis 1830, n'a-t-on pas cité les institutions des Turcs comme des modèles à suivre, mais c'est toujours sous la forme militaire que l'exemple de leur conduite a été invoqué. Personne, jusqu'à présent, que nous sachions, n'a appelé l'attention sur les colonies qu'ils ont fondées et créées, non pas avec des Turcs, mais avec des familles arabes prises au sein de toutes les tribus; cependant, à chaque pas, sous les noms de Douair, Daïra (qui entourent), Smala, Smoul (familles enrolées), Abid (esclaves affranchis), Mkahlia (fusiliers, gens d'armes), Oukla (fondés de pouvoirs), Khaznadjia (gardes-magasins), Bordjia (qui habitent des forts), on rencontre de véritables colonies militaires, qui tantôt forment une vaste ceinture autour des chefs-lieux des Beyliks, tantôt sont échelonnées sur les grandes voies qui font communiquer la capitale de l'ancienne régence avec celles des provinces.

Autour d'Oran, les Douair, les Smala, les Abid-Gharaba et Cheraga, les Bordjia, sont de véritables colonies, recrutées dans toutes les tribus de la province, et installées sur des terres domaniales.

Autour de Médea, chef-lieu de la province de Titeri, on retrouve encore des tribus Makhzen (réserve), et qui portent les noms de Douair et Abid de Médea.

Autour de Constantine, ce sont les Smoul, originaires des Ouled-Derradj et les Daïra-Zenatia et Daïra-Sraouia, qui couvrent la capitale de la province de l'Est.

Entre Oran et Alger, entre Alger et Constantine, à chaque passage de rivière, à chaque défilé, partout où il y a danger pour le voyageur, on rencontre la smala qui marque les konaq (étapes) de la route royale (trek soltania), et assure la libre communication sur les grandes artères du pays.

Qu'on ouvre la carte de l'Algérie et qu'on suive la route d'Oran à Alger, on se convaincra immédiatement de cette vérité.

On trouve :

Sur l'Ouad-Sig, les Abid-Gharaba, tribu Makhzen, colonie ;

Sur l'Ouad-Habra, les Bordjia, tribu Makhzen, colonie ;

Sur l'Ouad-Hillel, les Sahari, colonie, originaire du Djebel-Sahari ;

Sur l'Ouad-Mina, les Mkahlia (fusiliers), colonie militaire ;

Sur l'Ouad-Riou (rive gauche), les Azara (serviteurs), colons militaires ;

Sur l'Ouad-Riou (rive droite), la smala Hadj-el-Medda, petite colonie qui porte le nom de son fondateur ;

Sur l'Ouad–Isli (rive gauche), la smala Kerba, colonie des Sbèah.

Sur l'Ouad-Isli (rive droite) la smala Sahia, autre colonie.

Sur l'Ouad-Fodda (rivière d'argent), la smala Baghdadi, qui porte également le nom de son chef.

Au pont du Chélif (rive gauche), les Abid-Ain-Defla, colonie de nègres affranchis.

Au pont du Chélif (rive droite), les Smoul-Ouled-Sahari, encore une colonie originaire du Djebel-Sahari.

Entre le Chélif et Miliana, Bordj-el-Arib.

Entre Miliana et la plaine de la Mitidja, plusieurs smala fournies par les Soumata, et au milieu d'elles, le Bordj-Bou-Alouan et le Bordj-Mouzaïa assuraient le passage de l'Ouad-Djer. Ces bordj étaient de petites citadelles occupées par des sortes de garnisons.

Ainsi, sur un espace de quatre-vingt dix lieues, voilà quinze colonies militaires, véritables colonies, fondées par nos prédécesseurs, non seulement sans qu'il en coûtât rien à l'Etat, mais pour subvenir aux charges de la domination.

D'Alger à Constantine, des colonies analogues jalonnent la route, et marquent de la même manière les lieux d'étapes.

Mais toutes les colonies fondées par les Turcs n'avaient pas le caractère de *postes-étapes*, d'autres avaient pour objet, comme les colonies militaires françaises, dont M. le maréchal Bugeaud propose l'organisation, de s'opposer aux invasions des tribus insoumises ou rebelles, et de protéger en deçà de la ligne qu'elles déterminent, la colonisation civile indigène, s'il nous est permis de comparer entre elles les dominations turque et française, c'est-à-dire d'assurer sécurité et protection aux tribus pacifiques établies au pied des montagnes. Telles étaient les colonies autour de la Kabilie du Djerdjera, celles de Bou-Rni, d'Ouad-Zitoun (rivière des Oliviers), etc.

Ainsi donc l'idée d'employer les indigènes à la colonisation du pays, c'est-à-dire à la culture du sol et à la sécurité sans laquelle la culture est impossible, cette idée, disons-nous, n'est pas neuve, car les Turcs nous ont devancé dans cette voie.

Nous avons démontré la possibilité d'utiliser les indigènes dans l'œuvre de la colonisation ; nous avons signalé les résultats déjà obtenus avec le régime du *laisser faire* ; il nous reste maintenant à indiquer les voies et les moyens par lesquels il serait utile de seconder, et même de développer les tendances du peuple arabe à la stabilisation et à tous les progrès qui en seraient la conséquence.

La forme des colonies turques, par les Smala, Douair, Abid peut, ce nous semble, être avantageusement imitée dans quelques cas particuliers, et comme moyen de transition, là où la colonisation indigène, sous une autre forme, serait impossible ; aussi, depuis longtemps, avons nous prouvé la nécessité d'organiser des Smala, d'après le procédé des Turcs, autour de nos postes avancés de la ligne saharienne et de nos établissemens secondaires, dont les garnisons sont trop faibles pour dominer le pays circonvoisin. Ces Smala assureraient aux garnisons de ces postes la même sécurité que donnaient autrefois les makhzen aux villes dont ils constituaient la banlieue.

Le trouble momentané apporté dans l'état social des tribus par l'invasion française facilite l'accomplissement et la réalisation de ce projet. Les événemens, les rivalités qui existent entre les chefs, les migrations journalières auxquelles l'état de guerre condamne les tribus, occasionnent à chaque instant un pêle-mêle désordonné dans les différens groupes de population; des individus, des

4

familles entières abandonnent la grande famille de la tribu, pour suivre différentes directions, les uns pour venir aux chrétiens, les autres pour accroître le nombre des partisans d'Abd-el-Kader. Dans ce démembrement presque général des tribus, on rencontre bien quelques individualités qui ont la conscience de notre supériorité matérielle et morale, qui aujourd'hui subissent la volonté hostile de la majorité, mais qui protesteraient, par la désertion, contre l'obstination aveugle de leurs coréligionnaires, s'ils trouvaient dans les Smala françaises l'appui et la force que nous devons leur prêter. C'est à ces individualités exceptionnelles qu'il convient de faire appel pour constituer de nouvelles Smala, et si nous trouvons des célibataires pour recruter nos régimens de spahis et nos bataillons de tirailleurs indigènes, à plus forte raison, trouverions-nous des familles pour peupler nos Smala. Des terres, par lots de dix à quinze hectares, seraient distribuées à chaque Smali, à titre d'usufruit, tant qu'il habiterait la tente; à titre de propriété incommutable, quand il aurait rempli les conditions imposées aux concessionnaires européens, c'est-à-dire, la construction d'une maison et la vivification du sol.

Les Turcs ont souvent recruté leurs Smala dans la population saharienne; c'est là une excellente indication dont nous devons tirer parti. Les habitans du Sahara sont moins fanatiques que ceux du Tell; ils habitent plus volontiers la maison qu'ils savent construire, connaissent la culture des grands végétaux, et tiennent à grand honneur de posséder, à titre de propriété *melk* quelque parcelle de terre. Ces dispositions, favorables à la colonisation, doivent nous engager à attirer les Sahariens dans le Tell. L'infertilité des lieux qu'ils habitent les pousse naturellement vers le littoral, et il ne se passe guère d'année sans que quelques familles sahariennes viennent demander l'hospitalité aux habitans plus favorisés du Tell.

La forme de colonisation indigène par la Smala convient plus particulièrement à quelques points des provinces d'Alger et d'Oran; par exemple, autour de Sebdou, Daïa, Seida, Tiaret, Tniet-el-Had, Boghar; sur la route de ceinture qui relie ces postes entre eux, et sur les routes qui font communiquer ces avant-postes avec leurs chefs-lieux de la ligne centrale.

Dans la province de Constantine, les colonies-Smala pourraient être avantageusement employées pour circonscrire la Kabilie et la soumettre à une sorte de blocus commercial, s'il devenait un jour utile de l'isoler complètement du reste de l'Algérie; mais pour la colonisation des plaines centrales, pour la colonisation des domaines de l'État, par les indigènes, il est possible de recourir à des modes de colonisation plus spécialement français.

La colonisation par les indigènes doit différer suivant que la terre sur laquelle on l'établira appartiendra soit aux tribus, soit à l'État.

Sur les terres des tribus, l'usufruit appartient à la tribu et la nu-propriété à l'État. Sous ce régime, qui est la loi commune de tous les pays musulmans, l'usufruitier ne peut ni se fixer d'une manière stable, ni se livrer à la grande culture, parce qu'il craint la dépossession, et le nu-propriétaire est lui-même paralysé par le droit de l'usufruitier. L'un et l'autre se gênent, et demandent une modification à l'état de choses actuel.

Cette modification, réclamée par les indigènes eux-mêmes, consiste, de la part de l'usufruitier et du propriétaire, à céder une partie de leurs droits respectifs sur la totalité de la terre pour obtenir sur la moitié un droit complet de propriété. Par suite de cet échange, l'Etat et la tribu deviennent l'un et l'autre *libres* propriétaires de terres sur lesquelles leurs droits étaient partagés; l'État dispose de sa part en faveur des colons européens; la tribu se stabilise, parce qu'elle ne peut rester nomade au milieu des colons sédentaires; elle défriche des terres restées incultes, parce que son territoire se trouve rétréci; elle se livre à la culture permanente, parce qu'elle est réellement propriétaire; en un mot, elle modifie sa vie, son existence, parce que sa condition a changé; elle prend pour modèle la colonie française, parce que cette colonie a créé autour d'elle tous les instrumens de travail nécessaires à sa fondation et à son développement. La tribu arabe devient elle-même une colonie indigène, parce qu'elle trouve dans les bénéfices qu'elle réalise avec la colonie française le capital dont elle a besoin pour subvenir aux charges que lui imposent la construction de ses maisons et l'appropriation nouvelle du sol.

La constitution de la propriété sur le territoire des tribus usufruitières entraînera, soyons-en bien convaincus, une révolution complète dans les mœurs et dans les habitudes des Arabes, et cette révolution aura pour résultat la stabilisation des tribus.

Un autre mode de colonisation peut être employé pour les terres domaniales, très-nombreuses dans la province de Constantine.

La plupart des cultivateurs établis sur ces terres sont des khammas auxquels un principal fermier donne la terre et tous les instrumens de travail : bêtes de labour, charrue, semences, troupeaux, et qui, en échange du travail de leurs bras, reçoivent après la moisson le cinquième de la récolte. Le khammas est un instrument très-docile, auquel le fermier de l'État peut imposer toutes conditions de travail, moyennant un salaire convenu ; ainsi, par exemple, le khammas accepterait de construire cinq maisons, à la condition que l'une d'elles deviendrait sa propriété ; il planterait cinq arbres s'il était assuré de récolter les fruits de l'un d'eux ; il défricherait cinq hectares si le cinquième devait lui appartenir ; il creuserait un canal d'irrigation, si une part de l'eau détournée par ses bras devait aussi féconder sa terre. Avec de telles dispositions et de telles habitudes, le khammas indigène devient un pionnier de colonisation excessivement précieux, dont les colons européens peuvent tirer un très-grand parti, puisqu'il est acclimaté et qu'il peut impunément se livrer à des travaux de défrichement, ordinairement très-insalubres pour des hommes non acclimatés.

Deux conditions sont indispensables pour que les khammas indigènes se livrent aux travaux que nous venons de mentionner : d'abord, il faut que le fermier de la terre soit Européen, ensuite, il faut que ce fermier jouisse d'un long bail, ou mieux soit lui-même propriétaire. Ces conditions sont faciles à remplir, car l'Etat n'a aucun intérêt à conserver de nombreux domaines qui restent à peu près improductifs entre les mains de ses agens.

La mise en culture du sol par des khammas indigènes au profit des fermiers français, a déjà été expérimentée et a produit d'excellens résultats. Autour de Bône, d'Alger et d'Oran, de grandes propriétés ont été cultivées de cette manière, et si, sur ces propriétés, les cultivateurs indigènes n'ont pas encore quitté la tente pour habiter la maison, c'est que les détenteurs de ces terres, plus préoccupés de réaliser des bénéfices immédiats que fonder des établissemens durables, n'ont pas voulu faire la dépense des matériaux de construction ; peut-être n'ont-ils pas eu jusqu'ici assez de confiance dans les intentions du gouvernement pour jeter sur le sol des capitaux considérables. Quoiqu'il en soit, l'expérience est faite.

Cessons donc de dénier aux indigènes une certaine aptitude aux travaux de colonisation; cessons de les considérer comme des ennemis irréconciliables, et nous trouverons en eux des instrumens dociles pour la conquête pacifique du sol. Le commerce, l'industrie, l'agriculture feront plus pour soumettre les Arabes que la guerre et les razzia. Des exemples frappans justifient cette proposition. Autour d'Oran, trois grandes tribus, les Douair, les Smala et Abid-Gharaba, autrefois Makhzen des Turcs, n'avaient vécu jusqu'en 1842 que par la guerre et pour la guerre; depuis 1842, ces tribus, enrichies par le commerce et les transports qu'elles exécutent, n'acceptent qu'avec regret le service militaire qu'on leur impose, et nous donnent tous les jours des preuves de leur désir de s'adonner exclusivement aux travaux de la paix, à tel point que l'autorité militaire d'Oran se plaint de ces tendances. Quand on songe que ces trois tribus n'avaient, depuis des siècles, d'autre métier que celui des armes, on ne doit pas désespérer des autres.

De tous ces faits, nous concluons que la colonisation par les indigènes est possible ; nous ajoutons même que la colonisation européenne ne peut prendre une grande extension qu'à la condition d'y faire participer l'élément indigène.

Nous terminerons cette première partie de l'examen de l'ouvrage de M. le général de Létang en résumant les principales idées que nous avons développées.

Occuper militairement le pays, de manière à le dominer.

Le dominer de manière à gouverner directement les indigènes.

Gouverner les indigènes de manière à les faire concourir à la colonisation.

Tel doit être le programme d'un gouvernement juste et sage à l'égard de *l'élément indigène.*

FIN DE LA PREMIÈRE PARTIE (1).

---

(1) La deuxième et la troisième partie de ce travail n'ont pas été imprimées par suite de la cessation du journal *l'Algérie.*